AF498343

MÉMOIRE

DE

LA VILLE DE LYON,

AU ROI.

AU ROI.

SIRE,

L**ES** Députés de la Ville de Lyon, pleins de confiance en la bonté paternelle de V**OTRE** M**AJESTÉ**, prennent la liberté de mettre sous ses yeux le tableau des circonstances désastreuses auxquelles cette Ville importante est en proie.

A 2

On fait que la Ville de Lyon renferme plufieurs efpeces de Manufactures dans fon fein, & que la plus fameufe de toutes, celle qui jufqu'à préfent, a le plus efficacement contribué à la profpérité de fon commerce & à fa richeffe, eft la Manufacture d'étoffes de foie.

Cette manufacture occupe ordinairement quarante mille ouvriers. De ce nombre, dix-huit mille feulement aujourd'hui font employés ; le refte, c'eft-à-dire environ vingt-deux mille, eft abfolument fans ouvrage, & fe trouve en ce moment livré à toutes les horreurs de la plus affreufe mifere.

C'eft la caufe de ces vingt-deux mille malheureux que les Députés de la Ville de Lyon viennent plaider aux pieds de Votre Majefté.

Mais avant que de folliciter fa bienfaifance, qu'il leur foit permis de rendre compte des caufes qui ont amené un état de chofes fi cruel, & des efforts que leurs

(5)

concitoyens ont faits pour y porter re-
mede.

Entre les caufes qui ont tout-à-coup réduits à l'indigence un fi grand nombre d'individus, il en eft trois remarquables.

La premiere eft le défaut de confommation de nos étoffes dans l'étranger. Le plus
grand débouché de nos étoffes de foie dans
l'étranger eft l'Allemagne, la Ruffie; la
Hollande, le Levant, & les préparatifs de
guerre en Allemagne & en Ruffie, les trou-
bles de la Hollande, la révolution qui fe
prépare dans le Levant, ont influé de la
maniere la plus funefte fur la quantité de
nos envois dans ces différentes contrées.

La feconde eft notre Traité avec l'An-
gleterre, Traité tellement rédigé que les
Anglois verfent chez nous une portion confidérable du produit de leurs manufactures,
tandis que les nôtres font encore fans ac-
tivité pour eux ; Traité qui en inondant fu-
bitement l'intérieur du Royaume d'une
grande quantité d'étoffes angloifes, a pro-

A 3

digieusement nui au débit accoutumé de nos propres étoffes.

La troisieme est la disette des soies, occasionnée l'année derniere par l'intempérie de la saison. Cette disette a été malheureusement excessive, & a porté les soies à une valeur si considérable, que les Fabricans ont craint d'en acheter, de peur de s'exposer à une perte inévitable.

Du concours de ces trois causes,

D'une part, il est résulté que les étoffes de Lyon ont resté invendues au point qu'il s'en trouve aujourd'hui dans les magasins de cette Ville pour quinze millions à-peuprès, qui sont encore absolument sans débouché.

D'autre part, il est résulté que cette énorme quantité de marchandises invendues, jointe à la cherté de la matiere premiere, a réduit le fabricant à l'impuissance absolue de venir au secours de la plupart des ouvriers, & d'alimenter leurs atteliers par un travail dont le produit n'eût été pour lui qu'une surcharge ruineuse.

Et ces deux circonſtances réunies ont enfin amené l'horrible indigence à laquelle vingt-deux mille de ces ouvriers ſont réduits.

En de telles extrémités, SIRE, on n'a rien épargné pour venir au ſecours de ces vingt-deux mille ouvriers , & les aider à ſupporter leur ſituation déplorable , juſqu'à ce que des moments plus heureux permiſſent de nouveau de les occuper.

Entre les divers ſoulagemens à leur offrir, il n'y en avoit que deux auxquels on pouvoit avoir recours ; l'un étoit un nouveau genre d'occupation qui remplaçât le travail ordinaire dont ils étoient privés ; l'autre une ſubvention pécuniaire & momentanée , qui ſuffît pour les nourrir pendant l'eſpace de temps où ils demeureroient ſans emploi.

Le premier méritoit ſans contredit toute préférence , parce qu'il tendoit à écarter de cette claſſe d'hommes utiles , l'oiſiveté, fleau terrible pour le peuple , qui ne

A 4

doit fes vertus & fes mœurs qu'au travail habituel auquel il eft affujetti.

Mais malheureufement , il n'étoit pas pratiquable , & cela par deux raifons.

D'abord, parce qu'il étoit impoffible de trouver tout-à-coup pour vingt-deux mille individus un travail qui pût fuffire à leur entretien.

Enfuite, parce que la vie fédentaire de ces individus, la qualité & quelquefois l'in-fuffifance de leur nourriture , fouvent l'ex-cès de leur travail , les réduifent à la com-plexion la plus foible (1) , parce que les

____

(1) Plufieurs caufes influent fur la mauvaife fanté de nos ouvriers appliqués à des travaux fédentaires. Il feroit trop long ici de parler de ces caufes. Il faut ef-pérer de l'efprit public qui, grace à l'inftitution de nos Affemblées Provinciales, commence à renaître parmi nous , qu'on trouvera enfin pour le peuple de nos ma-nufactures une police propre à le conferver & à lui donner fur-tout le caractere d'ordre & de prévoyance. dont il manque, & dont le défaut (que dans les même circonftances, par exemple, on ne remaaque pas en An gleterre) nuit autant à fa conftitution phyfique qu'à fes mœurs.

enfans dans cette claſſe d'hommes, nés de peres débiles, viennent au monde la plupart mal ſains & rachitiques; que dès le berceau on ne leur apprend qu'à manier la ſoie, puis à la mettre en œuvre, que, pour toute autre profeſſion, à moins qu'elle n'ait une grande analogie avec la leur, ils ſont donc abſolument ſans force & ſans adreſſe; qu'il n'y a point à Lyon de profeſſion conſidérable analogue à la leur, & que lors même qu'il s'en ſeroit trouvé une ou pluſieurs, comme elles auroient été infailliblement pourvues d'un nombre ſuffiſant d'ouvriers, elles n'auroient été pour eux d'aucune reſſource.

Il a donc fallu néceſſairement recourir à la voie d'une ſubvention pécuniaire.

En conſéquence, un Bureau de Bienfaiſance s'eſt ouvert, & les Citoyens de tous les Ordres ont été invités à y porter leurs contributions volontaires.

Mais le produit de ces contributions, qui ne s'eſt porté juſqu'à préſent qu'à la ſomme

de 280,000 l., fe trouve tout-à-fait infuf-
fifant pour la tâche qu'il faut remplir (2).

Il convient de dire tout de fuite à Votre
Majefté pourquoi, dans une ville réputée
riche, on n'a pu recueillir qu'une fomme
fi foible , en comparaifon du mal auquel
il faut remédier ; & voici les circonftances
qui ont empêché que cette fomme ne fût
plus confidérable.

Votre Majefté doit être inftruite qu'im-
médiatement avant le projet de fubvention
pécuniaire , dont il s'agit ici , on venoit de
clorre une foufcription formée pour l'aug-
mentation des lits dans nos Hôpitaux, laquelle avoit produit une fomme d'environ
deux cent mille livres.

Votre Majefté doit être inftruite que,
de plus, il fe préleve chaque année , fur

---

(2) Encore faut-il compter dans cette fomme de
280,000 l. celle de 30,000 l. que le Roi a bien voulu
faire verfer dans la Caiffe de Bienfaifance.

la totalité de la ville de Lyon, une fomme en aumône d'environ cinq cens mille livres, pour le foulagement du peuple de toutes les claffes, & que cette année, où l'induftrie, qui amene l'abondance, a été fi refferrée dans fes moyens, cette fomme n'a pas pu ne point être prélevée comme à l'ordinaire.

Votre Majefté doit être inftruite que, fi dix-huit mille Ouvriers travaillent encore dans nos Manufactures, ce n'eft pas que, relativement à la confommation actuelle, il fût befoin de les employer, puifqu'il refte, comme il vient d'être dit, près de quinze millions de marchandifes invendues dans nos magafins, mais uniquement parce que nos Fabricans ont fait un effort, à leur propre détriment, pour donner de l'emploi à ces dix-huit mille Ouvriers, & qu'ainfi ce travail, qui ne produira certainement à nos Fabricans aucun bénéfice, qui peut-être même fera pour eux l'occafion d'une perte réelle, eft, indépendamment de la fubvention pécuniaire, une véritable contribution de la claſſe aiſée en faveur de la claſſe indigente.

Enfin, Votre Majeſté doit être inſtruite que la ville de Lyon ſe compoſe de deux eſpeces d'habitans, de propriétaires de maiſons, qui ne vivent pour la plupart que ſur les revenus que leurs immeubles produiſent, & de gens adonnés à tous les genres de fabrication & de commerce qu'elle embraſſe dans ſon ſein. Or, parmi les premiers, un très-grand nombre ſe trouve privé d'une portion plus ou moins conſidérable de ſes revenus, par l'impuiſſance où ſont les Ouvriers d'acquitter le prix de leurs locations; & ceux-là n'ont gueres pu contribuer au ſoulagement de cette claſſe de malheureux, qu'en n'exigeant pas aux échéances le paiement de ce qui pouvoit leur être dû. Quant aux ſeconds, c'eſt en grande partie ſur eux qu'a porté tout le fardeau de la ſubvention pécuniaire; mais le commerce ſe trouvant abſolument écraſé par la ſurcharge énorme des quinze millions de marchandiſes invendues, par une ſi grande quantité de fonds morts &

de capitaux fans valeur , on voit facilement que , gênés eux-mêmes dans leurs affaires , perdant au lieu d'acquérir, obligés de s'impofer des privations rigoureufes pour fatisfaire à leurs engagemens & foutenir leur crédit , ils n'ont pu fournir en argent des fecours d'une importance bien confidérable.

Telles ont été , SIRE , les circonftances qui n'ont pas permis que la fubvention pécuniaire s'élevât à plus de 280,000 l. Dans une ville toute de manufactures , il eft aifé de concevoir que , quand vingt mille Ouvriers font fans travail , toutes les claffes de citoyens fouffrent , & les aumônes alors font d'autant moins abondantes , qu'elles deviennent plus néceffaires.

Cependant , SIRE , c'eft avec cette foible fomme de 280,000 liv. que la ville de Lyon , depuis le commencement du mois de Novembre dernier jufqu'à préfent, a pourvu à la nourriture & foulagé la mifere des vingt-deux mille malheureux , qui implorent aujourd'hui votre bienfaifance.

Votre Majefté penfe bien qu'il a fallu recourir à l'économie la plus févére , on pourroit même dire la plus dure pour ne pas épuifer trop promptement des reffources fi modiques.

En conféquence , il a été arrêté que *chacun de ces vingt-deux mille malheureux recevroit feulement deux fols par jour, afin de fe procurer une livre de pain* , nourriture à peine fuffifante pour les empêcher de fuccomber à la faim qui les dévore. D'ailleurs, ils ont été obligés de s'interdire le vin, la viande ; & comme avec ces deux fols ils étoient loin de pouvoir fournir au plus étroit néceffaire , la plupart fe font vus contraints de vendre à vil prix leurs meubles , leurs vêtemens , jufqu'à leurs métiers même , & enfin, un grand nombre à fini par chercher dans une honteufe mendicité un fupplément aux aumônes publiques qui leur étoient faites.

Voilà , SIRE, l'expofé fidele des circonftances déplorables dans lefquelles fe
trouve la feconde ville de votre Royaume.
Ces circonftances , bien que déjà terribles ,
ne font rien en comparaifon de celles qui
fe préparent , & dont les fuites peuvent devenir , fi l'on n'y fait une attention férieufe,
abfolument irréparables.

La fomme de 280,000 liv. à laquelle font
montées les contributions en argent, fe
trouve actuellement à-peu-près épuifée, &
à la fin du préfent mois de Mars le Bureau
de Bienfaifance n'aura pas même une livre
de pain à donner à chacun de ces infortunés, dont il a foutenu jufqu'à ce moment l'exiftence.

SIRE, cette idée fait frémir.

Déjà, comme nous venons de le dire à
Votre Majefté, fe répandent dans nos
rues , dans nos Places publiques , un nombre confidérable de ces malheureux, qui

baignent de leurs larmes la chétive nourriture qu'on leur donne, & qui implorent de
la pitié particuliere quelques fecours, qu'ils
puiffent ajouter aux fecours publics qui
leur font accordés. Qu'arrivera-t-il , fi ce
mois expiré , on leur annonce que les reffources qu'on avoit raffemblées pour les
aider dans leur mifere , font taries; fi on
ne leur offre plus pour moyen de fubfif-
tance qu'une mendicité funefte? S I R E , à
quels mouvemens impétueux ne faudra-t-il
pas s'attendre de la part de vingt-deux mille
individus tourmentés par le plus dévorant
de tous les befoins ? De quels crimes , de
quels excès, de quels attentats ne fe ren-
dront-ils pas coupables, fi toutefois on
peut appeller crimes, excès , attentats tout
ce que leur ordonnera la nature au défef-
poir pour le maintien d'une vie qu'elle
commande impérieufement à tout être fen-
fible de conferver ? Qui pourra les contenir , qui voudra même les contenir tous
ces infortunés demandant du pain & n'en
trouvant plus affez pour le foutien de leur

miférable

miférable exiftence? De quelles forces
ofera-t-on fe fervir pour les contraindre
au repos, au filence, à une douleur muette
& tranquille? Et fi on ne les contient pas,
parce qu'en effet la juftice même la plus
rigoureufe n'a rien à exiger de l'homme
en proie à l'inexprimable tourment de la
faim, & cherchant par toute efpece de
voies à calmer ce tourment affreux,
S I R E, quelle fera la deftinée de la ville
immenfe qui les raffemble aujourd'hui dans
fon fein comme un foyer menaçant & terrible? de quelles horribles convulfions ne
fera-t-elle pas agitée; & qui peut repofer
fa vue fans une effrayante inquiétude fur
les fcènes de défolation & de fureur dont
elle va devenir le malheureux théatre?

S I R E, il eft inftant, mais il eft poffible auffi de prévenir de fi grands maux.

Les Députés de la ville de Lyon favent
très-bien que le Gouvernement, occupé
d'employer toutes les reffources de la plus
févere économie pour fermer les ancien-

nes plaies de l'Etat, & faire face à tous ſes engagemens, ne peut diſtraire des fonds publics une ſomme aſſez forte pour ſubvenir à tant de miſere.

Ils ne doivent donc pas importuner Votre Majeſté par des demandes exceſſives, & que le malheur des circonſtances ne permettroit pas d'accueillir.

Mais, SIRE, heureuſement il eſt un moyen ſimple & puiſé dans la nature des choſes, de concilier les vues d'économie de Votre Majeſté pour la proſpérité de la Nation en général, avec ce que ſollicite déjà ſans doute de la bonté de ſon cœur, la conſidération de l'état déplorable où ſe trouve réduite une des principales villes de ſon Royaume.

Dans le courant de l'année 1777, on jugea convenable de ſupprimer par un Edit toutes les Communautés d'Arts & Métiers dans le Royaume. En conſéquence de cette ſuppreſſion, le Gouvernement s'em-

(19)

para de tous les biens appartenans à ces
diverfes Communautés, & fe chargea de
payer leurs dettes. A cette époque la Fabrique d'étoffes de foie de la ville de Lyon
avoit un actif furpaffant fon paffif d'environ deux cent mille livres, qu'aux ter-
mes de l'Édit il fallut verfer au Tréfor
Royal.

Quelques tems après on trouva plus
utile de revenir à l'ancien régime ; les Communautés furent recréées, mais on ordonna
par la Loi qui les rétabliffoit, qu'elles ver-
feroient à l'avenir au Tréfor Royal les trois
quarts des fommes que leur produiroient
les droits de réception aux Maîtrifes, &
que le quatrieme quart feulement leur feroit
réfervé pour leurs frais.

La Fabrique de Lyon, à laquelle de
telles difpofitions portoit un préjudice no-
table, crut dans cette circonftance devoir
repréfenter au Gouvernement, qu'il impor-
toit de l'excepter de la loi commune, que
comme Manufacture de luxe, & fu-
jette à toutes les viciffitudes de la mode,

elle étoit expofée à des ceffations de travail affez fréquentes, & quelquefois très-
confidérables; qu'elle ne demandoit pas
qu'on lui reftituât les deux cent mille livres
qu'elle avoit verfées au Tréfor Royal, qu'elle fupplioit feulement qu'on lui laifsât la
totalité des droits de réception aux Maîtrifes; qu'avec cette totalité de droits an-
nuellement verfés dans fa caiffe, & régis
de la maniere la plus économique, elle fe
mettroit en état, comme par le paffé, de
foutenir fes ouvriers; qu'en 1740, & dans
une crife très-difficile, fur fon feul crédit
elle avoit, avec l'agrément du Roi, fait un
emprunt de cent cinquante mille livres,
qu'elle avoit rembourfé dans peu d'années,
& à l'aide duquel elle avoit prévenu les in-
convéniens de la mifere dans la claffe d'hommes qu'elle faifoit vivre; que fi on lui ôtoit
la totalité des réceptions aux Maîtrifes, &
fi une telle crife arrivoit encore, n'ayant
prefque aucun fond à elle, ne pouvant offrir aucun gage à fes prêteurs, elle fe trou-
veroit hors d'état d'emprunter, & fe verroit

dans le cas d'importuner le Gouvernement par des demandes auxquelles il fe trouve- roit peut-être dans la malheureufe impuif- fance d'avoir égard.

M. de Clugni alors Miniftre des Finan- ces de Votre Majefté, fe contenta de ré- pondre à de telles réclamations, que la Fabrique de Lyon ne devoit avoir aucune inquiétude fur fon fort ; qu'on favoit trop de quelle importance elle étoit au Com- merce, pour ne pas pourvoir à fes befoins lorfque des tems difficiles l'exigeroient (1).

Les Députés de la Ville de Lyon, Sire, puifent dans ces faits un moyen très-natu- rel & peu difpendieux de fubvenir à l'indi-

---

(1) On peut affurer ici que, fi à cette époque on avoit accueilli les réclamations de la Fabrique de Lyon , & fi de plus on ayoit jugé à propos de lui reftituer les deux cent mille livres qu'elle avoit verféees au Tréfor Royal elle auroit actuellement dans fa caiffe plus de fix cent mille livres de fonds , & ne feroit pas dans le cas d'importuner le Gouvernement.

gence momentanée qu'éprouvent en ce moment les malheureux dont ils font chargés de vous faire connoître la détreffe & les befoins.

Ce ne fera gueres qu'à la fin de Juillet, qu'une partie des étoffes engorgées dans les magafins de leur Ville s'étant un peu écoulées & les foies étant revenues à leur taux naturel, il fera poffible de donner du travail aux vingt-deux mille ouvriers qui en manquent aujourd'hui.

En ne comptant pas le mois de Mars pendant lequel la fubvention pécuniaire pourra fuffire à l'entretien de ces vingt-deux mille ouvriers, quatre mois vont donc s'écouler encore où il faudra pourvoir d'une maniere quelconque à leur nourriture.

Or, d'après un examen très-approfondi de l'état des chofes, & les délibérations prifes par la Municipalité & les principaux Corps de Commerce, il eft démontré qu'une fomme de quatre cens mille livres

eſt indiſpenſable pour accomplir cette œuvre de charité publique.

Il faut donc trouver cette ſomme de
quatre cens mille livres.

Pour y parvenir, les Députés de la Ville
de Lyon propoſent à Votre Majeſté d'a-
liéner à la fabrique de Lyon ſeulement
pour quinze années la totalité des droits
de réception aux Maîtriſes.

Ces droits ſe montent de 30 à 35000
liv. par année, dont les trois quarts ou
vingt-quatre mille livres environ ſe verſent
au Tréſor Royal.

Que Votre Majeſté daigne ſe deſſaiſir
ſeulement durant l'eſpace de quinze années de cette modique ſomme de 24000 l.
& il ſera facile de ſe procurer ſur le champ
la ſomme de quatre cens mille liv., encore
néceſſaire au ſoulagement des vingt-deux
mille ouvriers.

La Fabrique ayant alors pendant quinze
ans à ſa diſpoſition une rente annuelle d'environ 35000 liv., empruntera ſur cette

rente, de concert avec le Corps muni-
cipal, la fomme de quatre cens mille livres, & comme une rente de 35000 l. pendant quinze ans, donne au bout de ce
terme la fomme de 525000 liv. on voit
qu'il lui fera facile, avant l'expiration des
quinze années, de rembourfer & le prin-
cipal & les intérêts de l'emprunt qu'il lui
fera permis de faire.

Tel eft, S I R E, le moyen que les Députés de la ville de Lyon prennent la liberté de propofer à Votre Majefté.

Ce moyen n'eft point onéreux aux Fi-
nances de Votre Majefté. On peut le re-
garder en quelque forte comme une penfion que Votre Majefté feroit pendant
quinze ans à vingt-deux mille malheureux
qui auroient imploré fa bienfaifance; & il
feroit facile de prouver que cette penfion,
S I R E, a la différence de la plupart des
autres, loin d'être une dépenfe pour votre Tréfor Royal, n'auroit fervi qu'à lui
conferver une partie de fes revenus ordi-
naires.

(25)

Car enfin, SIRE, en matiere de commerce, où il y a diminution de travail, il
y a diminution d'aifance, il y a diminution
de confommation ; où il y a diminution d'aifance & de confommation, il y a diminution de produit pour l'impôt.

Or, fi l'état de crife dans lequel fe trouve
la Ville de Lyon parvenoit à fon dernier
période, il ne feroit pas poffible que ces
fabriques (qui, parce qu'elles font manufactures de luxe, & non manufactures de
premiere néceffité, ne fe rétabliffent pas
auffi facilement qu'elles fe détruifent) fe
relevaffent de long-tems du coup qui leur
feroit porté; le nombre des habitans de la
Ville diminueroit donc infailliblement
comme fes richeffes, la confommation y
feroit donc infiniment moindre, l'impôt
qui prefque tout entier y pefe fur les ob-
jets de confommation, y dégénéreroit donc
de fa valeur accoutumée, d'une maniere
auffi confidérable que rapide ; & la popu-
lation des ouvriers, qu'on ne pourroit empêcher enfin de porter ailleurs leur induf-

trie, s'y affoibliſſant tous les jours , & les réceptions aux Maîtriſes devenant conſéquemment beaucoup moins fréquentes , il reſteroit peu de choſes chaque année à verſer au Tréſor Royal de cette ſomme de 24000 liv. dont on ſollicite pour un terme bien court l'aliénation auprès de Votre Majeſté.

D'après toutes ces conſidérations , SIRE, les Députés de la Ville de Lyon oſent eſpérer que Votre Majeſté daignera peſer dans ſa ſageſſe le projet qu'ils viennent de mettre ſous ſes yeux ; & qu'après en avoir mûrement apprécié les avantages , elle s'empreſſera , en leur accordant leur demande, de tarir les larmes des vingt-deux mille malheureux qui implorent ſa bienfaiſance & ſa juſtice. Non , SIRE, Votre Majeſté ne ſouffrira pas que les Députés de la ville de Lyon retournent dans leur patrie déſolée , ſans avoir à porter, à tant de familles dans la miſere , des paroles d'eſpérance & de paix ; du haut de fon Trône Elle jettera fur cette multitude expirante des regards de confolation & de pitié ; l'humanité qui repofe dans fon cœur, gémira de tant d'infortune : comparant la grace légere qu'on follicite de fa bonté avec le bien immenfe que cette grace doit produire, Votre Majefté hâtera le moment où fon nom fera béni dans la demeure de tous ces pauvres ; & , SIRE , quel fpectacle pour un Prince qui aime fon peuple , que vingt-deux mille pauvres qui, baignés des larmes de la reconnoiffance, levent fur lui des regards fatisfaits , & l'appellent à l'envi leur Sauveur & leur Pere !

Signé, SERVANT , TERRET , *Députés de la ville de Lyon.*

Paris, ce 2 Mars 1788.